글 카렌 라차나 케니

미네소타 주 미니애폴리스에 살고 있는 어린이책 작가이자 편집자입니다. 그녀는 별이 형성되는 방법, 롤러코스터에 담긴 과학, 거미와 개미·비버와 같은 동물들이 만들어내는 놀라운 구조물 등 다양한 주제로 150권이 넘는 책을 썼습니다. 그녀는 여행, 자전거, 하이킹을 좋아하며 아름다운 미네소타 주의 밤하늘을 바라보는 것을 즐깁니다.

그림 스티븐 우드

런던 북부에 살고 있고 집에 있는 작은 스튜디오에서 일합니다. 이웃 고양이를 살피고 집으로 끌어들이고, 낙서하는 것을 좋아합니다. 그림을 그릴 때, 그림에 생명과 움직임을 불어넣는 캐릭터를 중요하게 여깁니다. 미묘한 유머와 그가 어릴 적 사랑했던 모험 이야기가 연상되는 것을 좋아합니다. 그래서 그가 그린 해적 이야기나 침몰한 보물, 카우보이, 기사와 용, 고전 추리 이야기들 모두 그가 어릴 때 좋아했던 그림과 닮았습니다. 그는 가끔 여자친구의 비스킷을 훔치고 그녀에게 소리칩니다. "우리 집에 아주 끔찍한 비스킷 중독 쥐가 숨어 있어!"

옮김 강여은

충청도 시골에서 자연과 친구가 되어 어린 시절을 보냈습니다. 대학에서 분자생물학을 전공하였고, 학생들에게 수학과 과학을 재미있게 공부하는 방법을 가르쳐 오다가 지금은 아이들의 미래를 바꾸어 줄 좋은 책을 만드는 일에 집중하고 있습니다. 옮긴 책으로는 《지구 땅속이 궁금해》 《내 몸속이 궁금해》가 있습니다.

WHAT'S BENEATH: PEEKING UNDERGROUND

Copyright © 2016 by Picture Window Books, a Capstone imprint.
All rights reserved.

Korean Language edition is distributed and published by © MIND ALIVE CO.,LTD(2017) arranged with the permission of Capstone, the owner of all rights to distribute and publish same through EYA(Eric Yang Agency).

이 책의 한국어판 저작권은 출간 및 유통 권한을 갖고 있는 Capstone의 승인하에 EYA(Eric Yang Agency)을 통한 Capstone사와의 독점계약으로 (주)창의와탐구가 소유합니다.
저작권법에 의하여 한국 내에서 보호를 받는 저작물이므로 무단 전재와 무단 복제를 금합니다.

지구 땅속이 궁금해

글·카렌 라차나 케니 그림·스티븐 우드 옮김·강여은

와이즈만 BOOKs

공원을 한번 둘러보세요.
무엇이 보이나요?
산책하는 가족도 보이고, 재미있게 놀고 있는 아이들도 있어요.
몇몇 동물들은 총총 걸어가고, 신이 나서 겅중겅중 뛰기도 해요.
식물들은 해를 향해 쭉쭉 뻗어 있어요.

우리가 매일 디디고 서 있는
지구의 땅 아래에서도 또 다른
세상이 펼쳐진답니다.
그렇다면 땅속에는 어떤 생물들이
살고 있을까요?

지구 표면 아래에는 토양층이 있어요.
각 층은 다른 흙으로 이루어져 있는데, 아래쪽에는 부식토층과 표토층이 있어요.
여기에는 생물들이 사는 굴이 있고, 공기도 드나들어요. 심토층과 모재층은
더 아래쪽에 있어요. 자잘한 알갱이들과 작은 돌, 점토로 이루어져 있지요.
더 깊이 들어가면 아주 단단한 바위층이 있어요.

O층(부식토층)
A층(표토층)

B층(심토층)

C층(모재층)

R층(기반암층)

따스한 초드기 만들어지는 데는 수백만 년이 넘게 걸려어요. 바람과 태양이 지구 표면을
용용을 두들겼고, 물은 얼었다 녹았다를 반복했어요. 그러는 동안 바위와 식물, 동물의
심 어이 두들겼고, 물은 얼었다 녹았다를 반복했어요. 그러는 동안 바위와 식물, 동물의
사체들은 점점 더 잘게 잘게 쪼개졌지요. 그렇게 새로운 흙이 땅속에 자리 잡은 거에요.

흙 속 생태계

가장 위층의 부식토는 축축하고 어두운 색이에요. 흙이에요. 죽은 동물과 식물로 만들어져서 따뜻한 영양분이 되지요. 부식토는 가볍고 잘 부스러져요.
그리고 공기와 물도 쉽게 드나들 수 있어요.

지렁이

버섯

벌써이 보이나요? 지렁이는?

부식토는 벗섯과 지렁이의 먹이가 돼요. 지렁이가 땅속을 꿈틀꿈틀 움직이며 흙을 삼켜요. 지렁이의 배설물은 식물에게 아주 좋은 양분이에요.

냄새나는 새둥지

표토층은 여러 가지 물질들로 이루어져 있어요. 모래와 토사, 점토가 섞여 있고
부식토도 조금은 들어 있어요. 수많은 작은 생물들이 표토층에서 살아요.
지네와 개미, 그리고 다른 곤충들이 땅속을 기어 다녀요.
거미가 줄을 파고, 담팽이가 미끄러지듯 움직여요.

두더지

알고 있나요?

포도종에는 많은 종류의 박테리아가 살고 있어요. 박테리아는 우리 눈으로 볼 수 없을 정도로 작지요. 티스푼 하나만큼의 흙에 약 10억 마리의 박테리아가 들어 있어요.

큰 동물들은 포도종에 굴을 파고 살아요.
두더지, 토끼, 오소리, 여우가 땅속 마을의 이웃들이에요.

여우

토끼

오소리

식물이 뿌리

포도 속에 또 누가 살까요? 나무와 식물이 포도 속에 살아요. 줄기 아래를 쭉 따라가 보세요. 당근이 보이나요? 당근의 긴 뿌리 중에서 굵은 뿌리를 원뿌리라고 해요. 원뿌리에서 작은 수염뿌리들이 뻗어 나와요.

뿌리는 식물을 땅에 단단히 고정시켜요.
그리고 식물이 자라는 데 필요한 양분과
물을 흙에서 빨아들여요.

당근

색이 다르다?

땅을 더 깊이 파고 들어가면 심토층이 나와요. 색이 달라졌어요!
심토층은 촘촘하고 두껍고 흙이 생각보다 표토층보다 많아요.
회색이거나 황갈색, 어쩌면 붉은색에 가까워요. 심토층은 미세한 암석과
점토로 이루어져 있고, 금속 성분도 약간 포함하고 있어요.

표토층

물은 토양층을 통과해서 흘러내리기 때문에 아쪽의 흙이 물에 씻겨 오기도 해요.
하지만 심토층에는 생물이 거의 살지 않아요.

심토층

물이 흐르는 곳

높은 곳에 있는 물이 낮은 곳으로 흐르고 강이나 호수에 모여요.
호수에 모인 물은 바다로 모이기도 하지요.

바다

강

호수

샘

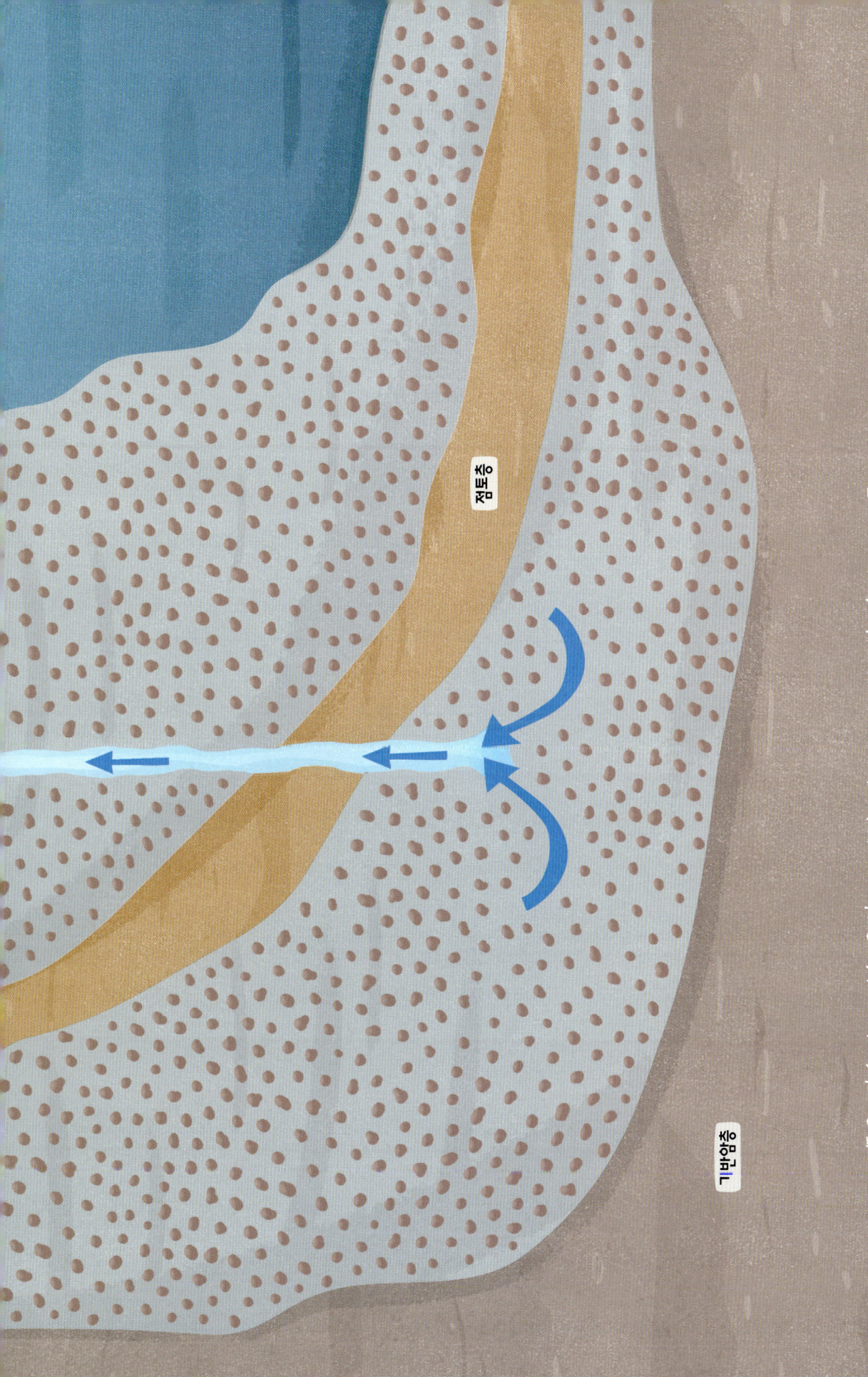

물은 땅속에서 계속 움직여요. 하늘에서 비가 내리면 땅으로 스며들고, 지구의 중력이 물을 아래로 끌어당겨요. 아래로 흐르는 물은 바위와 같이 단단한 암반층에 모여들었다가 샘물로 솟아나 땅 위로 떠나기도 하지요. 먼 거리를 빠져나온 물은 아래쪽의 단단한 암반층을 만나기도 해요.

점토층

암반층

다양한 암석!

암석, 암석, 또 암석.

심토층의 바로 아래쪽에는 부서지고 깨진 암석들이 흙과 섞여 있어요.
이 층에는 식어있는 용모 같은 광물이 있어요.
기반암층은 아주 깊이 있어요. 지구 표면인 기장 아래쪽에 있지요.

심토층

기반암층

모재층

거대한 아홉은 두께가 수천 킬로미터가 넘어요.
바로 위쪽의 모래층보다 100배에서 1000배까지 두꺼워요.

화성 탐사

기비아줌의 깊은 곳에 화성식 탐모가
들어 있어요. 상공을 정아가가, 석토이
화성식 탐모에요.

화석 연료는 아주아주 오래전에 죽은 식물과 동물로 만들어졌어요. 이 사체들은 수백만 년이 넘도록 모래와 진흙에 쌓인 채 지구 안쪽으로 깊이 가라앉아요. 위쪽의 무게와 아래쪽의 열로, 아래로 가라앉은 동식물들 도시간이 화석이 되는 거예요. 더 많은 사체가 화석이 되고, 압력에 의해 이들 도시가 석탄, 석유, 가스의 형태로 변하는 거예요.

어느 지진 용찜지

지구의 단단한 겉껍질은 지각이라고 해요.
지각은 한 조각이 아니고 7개의 큰 판으로 나누어져 있어요.
두 판이 서로 만나는 곳을 보세요. 이런 곳을 단층선이라고 해요.
해양판은 무거워서 대륙판 아래로 미끄러져 들어가요.
두 판이 부딪치면서 큰 충격이 발생하는데, 이때 판이 깨지면서 지진이 일어나요.

대륙판
화산
단층선
해양판

환태평양 화산대

알고 있나요?

큰 지진은 주로 환태평양 화산대에서 발생해요. 여기는 태평양을 따라 펼쳐져 있어요. 태평양판의 가장자리에 해당되는 지역으로, 화산들이 있는 곳을 죽 이은 선과 일치해요.

아래쪽을 살펴봐요. 화도가 보이나요?
화도는 지구의 껍데기인 지각에 틈이 간 거예요.
암석이 녹아서 만들어진, 무척 뜨겁고 끈적거리는
마그마가 화도를 타고 올라와요.
그래서 화산이 분출하면 녹아내린 땅이 용암이
수증기와 함께, 이글이글 하늘에서 화산재가
되어 땅으로 떨어져요.

마그마

지각 아래에는 무엇이 있을까?

우리 땅속으로 얼마나 들어갈 수 있을까요?
지각 아래에는 맨틀이 있어요. 지구를 이루는 가장 두꺼운 층이지요.
맨틀의 두께는 2,900킬로미터나 돼요. 맨틀은 고체와 녹은 암석으로 이루어져 있어요.

지각

맨틀

알고 있나요?

사람이 지각 아래를 직접 볼 수는 없어요. 맨틀에 닿을 때까지 맨 속을 깊이 파고 들어간 기계가 아직 없으니까요. 하지만 과학자들은 지구 속 상태가 어떤지 훌륭하게 추측해요. 지진을 연구하면 많은 정보를 얻을 수 있거든요. 지진은 에너지의 파동이기 때문에 지진파를 분석하면 지구를 이루고 있는 층들이 어디쯤에 얼마만큼의 두께로 있는지 알 수 있어요.

중심을 향하여

드디어 지구의 중심쯤에 왔어요! 외핵과 내핵이 보이나요? 외핵의 두께는 2,250킬로미터나 돼요. 외핵은 거의 액체로 이루어져 있어요. 이 물질이 외핵에서 움직이면서 지구에 자기장을 만들어 지구는 커다란 자석과 같아져요. 자석 양 끝에 N극 S극이 있듯이 지구도 서로 반대쪽에 북극과 남극이 나뉨이 있어요.

지구 내핵은 공처럼 생겼어요.
지구에서 가장 뜨거운 곳이지요.
내핵의 두께는 1,200킬로미터예요.

지각

맨틀

핵

북극

다시 땅 위로 돌아왔어요.
벌들이 붕붕거리고, 다람쥐들은 나무를 타고 올라요.
새들이 땅에서 지렁이를 찾아 먹고, 풀들은 바깥바람을 쐬러 나오려나 봐요.
지구는 재미난 곳들로 가득하니 땅 위든 땅속이든 모험거리죠!

지구 땅속 용어 다시 보기

- 광물: 자연에서 발견되는, 결정 구조를 지닌 고체.

- 기반암층: 모재층 아래에 있는 단단한 바위층.

- 대륙: 지구의 육지.

- 마그마: 속 깊은 곳, 뜨거운 열에 의해 바위가 녹아 있는 것.

- 맨틀: 지각과 외핵 사이에 바위가 녹아 있는 두꺼운 층.

- 박테리아: 자연 속 어디에나 존재하는 매우 작은 생물.

- 부식토: 식물과 동물이 썩어서 만들어진 축축하고 어두운 색깔의 흙.

- 샘: 땅에서 물이 솟아오르는 곳.

- 심토층: 땅속 표토층과 모재층 사이의 층.

- 압력: 무언가를 누르는 힘.

- 양분: 영양이 되는 성분. 성장에 필요한 물질.

- 용암: 화산이 분출할 때 밖으로 쏟아져 나오는 뜨거운 액체 상태의 바위.

- 원뿌리: 당근처럼 식물의 주된 뿌리.

- 자석: 철을 끌어당기는 성질을 가진 금속. 두 개의 극을 가지고 있다.

- 중력: 지구의 중심을 향해 물체를 끌어당기는 보이지 않는 힘.

- 토사: 모래알보다는 작고 점토 알갱이보다는 큰 입자들로 이루어진 흙.
  바위가 잘게 부서져 만들어진다.

- 표토층: 유기물, 미생물이 풍부한 토양층.

- 해양: 지구의 바다.

- 화석 연료: 식물과 동물의 사체로 만들어진 천연 연료. 석탄, 석유, 천연가스 등.

비판적 사고력 훈련 과제

| 핵심 개념 세부적으로 알기 ① |

1. 식물과 동물은 왜 부식토층과 표토층에 살까요?

| 핵심 개념 세부적으로 알기 ② |

2. 화석 연료는 어떻게 만들어지는지 설명해 보세요.

| 지식과 생각 통합하기 |

3. 지각 아래를 조사하는 것이 어려운 이유는 무엇일까요?

와이즈만 호기심 그림책 05

지구 땅속이 궁금해

1판 1쇄 발행 2017년 11월 2일
1판 2쇄 발행 2018년 9월 28일

글 카렌 라차나 케니 / **그림** 스티븐 우드 / **옮김** 강여은

발행처 와이즈만 BOOKs
발행인 임국진
편집인 염만숙
출판사업본부장 홍장희
편집 이선아 오성임 김영란 서은영
디자인 (주)창의와탐구 디자인팀 강덕희
제작 김한석
마케팅 김혜원 김서혜

출판등록 1998년 7월 23일 제 1998-000170
제조국 대한민국
사용 연령 6세 이상
주소 서울특별시 서초구 남부순환로 2219 나노빌딩 3층
전화 마케팅 02-2033-8987 편집 02-2033-8933
팩스 02-3474-1411
전자우편 books@askwhy.co.kr
홈페이지 books.askwhy.co.kr

이 도서의 국립중앙도서관 출판예정도서목록(CIP)은
서지정보유통지원시스템 홈페이지(http://seoji.nl.go.kr)와
국가자료공동목록시스템(http://www.nl.go.kr/kolisnet)에서 이용하실 수 있습니다.
(CIP제어번호 : CIP2017025152)

○ 와이즈만 BOOKs는 (주)창의와탐구의 출판 브랜드입니다.